全国中等职业学校商务文秘专业教材

现代管理基础知识（第三版）习题册

主编　肖剑锋

中国劳动社会保障出版社

简介

本书为全国中等职业学校商务文秘专业《现代管理基础知识（第三版）》教材的配套习题册。

本书题型设计多样，包括名词解释、填空题、选择题、判断题、简答题、实训题、案例分析题等，力求充分体现教材的重点和难点，反映实际工作中的具体问题，使学生能够掌握现代管理的知识和原理，并具有解决实际问题的能力。

本书由肖剑锋任主编。

图书在版编目（CIP）数据

现代管理基础知识（第三版）习题册 / 肖剑锋主编. -- 北京：中国劳动社会保障出版社，2020

全国中等职业学校商务文秘专业教材

ISBN 978-7-5167-4245-7

Ⅰ.①现… Ⅱ.①肖… Ⅲ.①管理学-中等专业学校-习题集 Ⅳ.①C93-44

中国版本图书馆 CIP 数据核字（2020）第 008653 号

中国劳动社会保障出版社出版发行

（北京市惠新东街 1 号 邮政编码：100029）

*

北京市艺辉印刷有限公司印刷装订 新华书店经销

787 毫米 ×1092 毫米 16 开本 4.25 印张 88 千字

2020 年 3 月第 1 版 2023 年12月第 3 次印刷

定价：8.00 元

营销中心电话：400-606-6496

出版社网址：http://www.class.com.cn

http://jg.class.com.cn

目录

CONTENTS

第一章 | 组织管理

第一节　企业与企业组织 …… 1

第二节　企业组织结构 …… 3

第三节　企业组织设计 …… 6

第二章 | 采购管理

第一节　采购管理概述 …… 8

第二节　采购流程 …… 11

第三节　采购合同 …… 13

第三章 | 生产管理

第一节　生产管理概述 …… 16

第二节　生产计划管理 …… 18

第三节　生产组织管理 …… 20

第四节　生产现场管理 …… 22

第四章 | 仓储与配送管理

第一节　仓储管理 …… 26

第二节　配送管理 …… 28

第五章 | 市场营销管理

第一节　市场营销管理概述 …… 31

第二节　营销环境分析 …… 34

第三节　市场细分与定位 …… 36

第四节　市场营销组合策略 …… 39

第六章 | 人力资源管理

第一节 人力资源管理概述 …… 43
第二节 人力资源规划 …… 45
第三节 职务分析与设计 …… 49
第四节 员工招聘与培训 …… 52
第五节 绩效考评与薪酬管理 …… 54

第七章 | 企业战略管理

第一节 企业战略概述 …… 57
第二节 总体战略类型及选择 …… 59
第三节 竞争战略制定 …… 62

第一章 组织管理

第一节 企业与企业组织

一、名词解释

1. 企业

2. 企业组织

二、填空题

1. 依据________________及________________，企业分为个体工商户、个人独资企业、合伙企业和公司制企业等。

2. 按照生产规模的不同，可以将企业划分为____________、____________、____________、____________和____________。

3. 合伙企业是由____________或____________的自然人、法人和其他组织出资兴办，联合经营和管理的企业。合伙人按照契约分享企业利润，并对企业债务承担责任。

三、单项选择题

1. 企业的社会经济功能主要体现在（　　）。

A. 将社会资源转换为商品和服务　　B. 社会资源循环利用

C. 提供就业机会　　D. 协调社会矛盾

2. 以下企业中，属于合伙企业的是（　　）。

A. 个人独资企业　　B. 会计师事务所

C. 股份有限公司　　D. 有限责任公司

3. 企业从事的经济活动中，不包括（　　）。

A. 生产　　B. 流通　　C. 服务　　D. 社会保障

四、判断题

1. 小王考取注册会计师证后与同学合办了一家会计师事务所，这家事务所是合伙企业。（　　）

2. 按所属的行业和部门不同，可以把企业分为劳动密集型企业、资金密集型企业和知识密集型企业。（　　）

3. 股份有限公司股东的数量可以是无限多个。（　　）

五、简答题

1. 简述有限责任公司和股份有限公司的基本特征。

2. 简述组织的含义和职能。

六、案例分析

K 公司成立后，公司有正式职员 8 人，都以按约定的出资额参股形式作为公司的记名股东。公司注册资金 30 万美元，其中，美籍华人陈先生出资额最大，为法人代表，国内黄先生出资额第二，担任经理。K 公司成立伊始，其业务主要是代理美国 S 公司的分析仪器，即负责 S 公司的产品在中国的推广并提供零配件及售后服务。

问题：

1. K 公司属于什么类型的企业?

2. 该类型企业的股东人数有什么特点?

第二节　企业组织结构

一、名词解释

1. 企业组织结构

2. 事业部制企业组织结构

二、填空题

1. 企业组织结构有多种形式，比较常见的包括直线制、____________、____________、事业部制和____________五种。

2. 矩阵制企业组织结构是指由两套企业组织部门联合构成的双重企业组织结构，其中一套是在________________基础上形成的部门，另一套是在______________________基础上形成的部门。

3. 直线制企业组织结构是一种最简单的企业组织结构形式，企业组织的各级职位按照____________________排列，各级主管对自己的下级拥有____________的一切职权。

三、单项选择题

1. 某电器集团分设数码事业部和家用电器事业部，每个事业部都有独立的财务、销售、生产、采购部门。这个电器集团的企业组织结构属于（　　）类型。

A. 职能制企业组织结构　　B. 直线制企业组织结构

C. 事业部制企业组织结构　　D. 个人企业

2.（　　）不适宜作为划分事业部的基础。

A. 产品　　B. 地域　　C. 技术　　D. 服务对象

3.（　　）适宜选用矩阵制企业组织结构。

A. 环境多变、创新性强，工作任务需要多种技术的组织

B. 处于成长过程中、具有一定规模的企业组织

C. 个人业主制企业

D. 创业初期的企业

四、判断题

1. 在直线制企业组织结构中，职权和命令自上而下直线纵向贯穿于企业组织之中。（　　）

2. 职能制企业组织结构可以使最高管理部门摆脱日常的行政事务，专注于企业组织的战略问题和决策。（　　）

五、简答题

1. 简述矩阵制企业组织结构的基本特征及适用对象。

2. 简述事业部制企业组织结构的优、缺点。

六、案例分析

美的公司的事业部制改造

美的公司的事业部制始建于1997年，时逢美的在市场中遭遇败绩，经营业绩大幅滑坡。当时，中国早期的空调大王华宝由于业绩下滑和顺德市产业整合等原因被科龙收购，空调行业内和顺德企业界则风传美的也要被科龙收购的消息，此前一直保持强劲增长势头的美的危机重重。这一阶段美的和中国其他企业一样，是直线式管理。对于所有的产品，总裁既抓销售，又抓生产。在公司发展早期，这种集权式管理曾对公司发展起

到了积极的推动作用。

随着企业规模的扩大，美的发展到拥有空调、风扇、电饭煲在内的五大类 1 000 多种产品。这些产品仍然由总部统一生产、统一销售。由于各个产品的特点差异很大，而销售人员同时在区域中负责多项产品，总部各职能部门也是同时对应各个产品，这样在工作上容易造成专业性不强，工作重点不明确等问题。当时的销售公司只负责产品销售业务，而集团专门成立了广告公司负责市场推广，服务公司负责售后服务工作，产销计划则由经营管理部负责，这样在很大程度上形成了研发、生产和销售的脱节。以董事长、总裁何享健为首的美的高层经过调研和反复论证，最终决定建立事业部制组织结构。1997 年 1 月，空调业务从总体业务中分离，成立了空调事业部。7 月份，风扇事业部应运而生，后来又将电饭煲业务划给风扇事业部。此后新上马的饮水机、微波炉和风扇、电饭煲一起组建家庭电器事业部。到了 2002 年，家庭电器事业部下设电风扇、电饭煲、微波炉等 6 个分公司，年销量达到 3 000 万台，销售额由最初的不到 10 亿元上升至 2002 年的 40 多亿元。随着公司业务的发展，厨具、电机、压缩机等其他几个事业部也相继成立。2001 年，美的集团正式分拆为两个集团公司（美的股份和威尚集团）和一个投资公司（美的技术投资公司），美的股份下设六大事业部，即空调、家庭电器、厨具、电机、压缩机和磁控管，这部分为原美的集团公司主要资产，约占集团公司资产的 70%。新设立的威尚集团下设 9 个公司，即电子、物流、房产、电工、家用电器、管理咨询、钢铁配送、环境设备、工业设计，主要包括集团中非上市公司资产及一些新的产业。2002 年 7 月，美的将家庭电器事业部按产品一分为四，组建风扇、饮水设备、微波炉和电饭煲事业部。对于这次分拆，美的一位中层干部认为，在全球化大背景下，随着美的小家电越做越大，产品策略不清晰及对市场反应速度不够快的缺点正越来越突出，因此必须改革小家电的经营策略和经营模式，改革的方式之一就是集中优势资源，按产品划分，组建组织简单、反应迅速的事业部，实现研发、生产和销售一体化，即进行分拆。

这样，美的按照产品逐步建立了事业部体系。各个事业部在集团统一领导下，拥有自己的产品和独立的市场，拥有很大的经营自主权。各事业部实行独立经营、独立核算，既是受公司控制的利润中心，又是产品责任单位或市场责任单位，对研发、生产、销售以及行政、人事等管理负有统一领导的职能。此外，各事业部内部的销售部门基本上都设立了市场、计划、服务、财务、经营管理五大模块，将以上功能放到销售部门，形成了以市场为导向的组织架构。事业部制的建立使美的集团总部脱身于日常琐事管理，将主要精力集中在总体战略决策、规模额度和投资额度控制、各事业部核心管理层任免以及市场的统一协调工作上。2001 年，美的集团的销售收入突破 140 亿元，是 1997 年的四倍多。空调连续五年跻身国内市场前三名，牢牢占据着第一阵营的位置。压缩机、电机、风扇、电饭煲、微波炉等产品也在国内市场拥有很大的话语权。

问题：

1. 试分析美的事业部制组织结构改革的原因。

2. 请结合该案例谈谈事业部制组织结构有什么特点。

第三节 企业组织设计

一、名词解释

1. 企业组织设计

2. 管理幅度

二、填空题

1. 根据我国企业经营管理的实际情况，企业组织一般有高层、中层和基层三个层次。其中，________从事的是决策性的工作，管理幅度要小一些；________从事的是日常的、重复的工作，管理幅度要大一些。

2. 集权是把较多的和较重要的经营管理权责集中于__________，分权是把较多的和较重要的经营管理权责分散下放到__________中去。

3. 组织环境一般包括_________、_________、_________和_________环境。

三、单项选择题

1. 根据企业部门划分原则，(　　) 不属于企业职能部门。

A. 生产部门　　B. 财务部门

C. 研发部门　　D. 执行部门

2. 小李最近晋升为某工厂副厂长，他将负责督导 4 条主要生产线的生产工作，有权处理员工违规和违纪行为，并获得 20% 提薪。这体现了（　　）。

A. 专业化原则　　B. 权责对等原则

C. 效率原则　　D. 集权原则

3. 影响组织设计的因素不包括（　　）。

A. 组织环境　　B. 技术

C. 组织发展阶段　　D. 消费者习惯

四、判断题

1. 组织发展一般分为四个阶段，即创业阶段、职能扩展阶段、分权阶段、参谋职能激增阶段。（　　）

2. 企业组织部门是承担具体和日常性的企业组织职能的构成单位。（　　）

五、简答题

1. 简述企业组织设计应遵循的原则。

2. 简述影响企业组织设计的因素。

六、实训题

在网络上搜集一家企业的组织结构图，并简单分析其是如何设计组织部门的。

第二章 采购管理

第一节 采购管理概述

一、名词解释

1. 比价采购

2. 远期合同采购

二、填空题

1. 采购是指采购人或采购实体基于________、________、________等目的，购买商品或劳务的交易行为。

2. 采购管理的目标是________________________________，保证制造和生产的需要。

3. 采购管理就是为保证企业物资供应，对__________进行计划、组织、协调和控制的活动。

三、单项选择题

1. (　　) 就是用现代科学管理理论方法编制采购计划的采购活动，主要有定量订货法采购、定期订货法采购、物料需求计划采购、准时化采购、供应链采购和电子商务采购等。

A. 现代采购　　B. 企业采购

C. 议价采购　　D. 政府采购

2. (　　) 就是采购方事先提出采购条件和要求，通过招标的方式，邀请所有的或一定范围的潜在供应商参加投标，采购方通过某种事先确定并公布的程序和标准从所有投标者中评选出中标供应商，并与之签订合同的一种采购方式。

A. 期货采购　　B. 直接采购

C. 招标采购　　D. 私人采购

3.（　　）又称为统一采购或公共采购，是指各级政府及其所属实体为了开展日常的政务活动，以及为公众提供社会公共产品和公共服务的需要，在政府财政部门的监督下，以法定的方式、方法和程序，从国内外市场上为政府部门或所属公共部门购买所需货物、工程和服务的采购活动。

A. 集中采购　　B. 团体采购

C. 政府采购　　D. 物料需求计划采购

4. 按采购权限不同，可以将采购方式分为（　　）。

A. 集中采购、分散采购

B. 直接采购、间接采购

C. 现货采购、期货采购、远期采购

D. 询价采购、比价采购

四、判断题

1. 询价采购是由买卖双方直接讨价还价实现交易的一种采购行为。（　　）

2. 采购时，也可通过租赁、借贷和交换等途径取得物品或劳务的使用权和所有权，以满足需求。（　　）

3. 通过中间商实施采购行为的方式称为直接采购。（　　）

4. 采购管理的目标是用最高的成本提供高品质的物料，保证制造和生产的需要，因而采购管理的内容是制订采购计划、实施采购计划、进行采购评估与分析的整个过程。（　　）

五、简答题

1. 简述采购管理的具体内容与过程。

2. 简述采购管理的原则。

六、案例分析

A 公司是某市有名的企业，主要生产电动自行车、电动三轮车等产品。A 公司电动车电源供应商主要有 B 公司、C 公司、D 公司，其中 B 公司是 A 公司最主要的供应商。B 公司电源质量好、信誉好，A 公司每年从 B 公司采购电源的数量占其总采购数量的 75%。合理选择供应商使 A 公司的电动车在国内市场占有率大大提高，企业利润逐年增长。但近几年来，A 公司为了降低成本、提高利润，改变了采购策略，采取开源节流的采购方针。因而，A 公司逐年减少了从 B 公司采购的电源数量，转而采购价格较低、质量较差的 D 公司电源。A 公司这一采购策略，起初节约了很多成本，但没过半年，市场上陆续有顾客因质量原因要求退货，A 公司电动车的返修率也迅速升高。

问题：

1. 请分析 A 公司在供应商选择上出现的问题。

2. 如果你负责 A 公司电源的采购，你应该怎么做?

第二节　采购流程

一、名词解释

1. 定期订购法

2. 定量订购法

二、填空题

1. 采购流程通常是指企业选择和购买生产所需要的各种__________、__________等物资的全过程。

2. 采购谈判是指企业为了__________________________________，与供应商对采购业务的有关事项进行反复磋商。

3. 在采购部门与供应商签订______________后，采购部门必须做好商品跟催与稽核，以确保供应商能够及时履行其货物发运的承诺。

4. 采购流程包括企业内部提出采购需求、描述需求、________________、采购谈判、签订采购合同、________________、核对发票、____________________、结案、记录与档案维护。

三、单项选择题

1. 任何采购都产生于企业中某个部门的确切需求，即需要什么、需要多少、什么时候需要等，这被称为（　　）。

A. 商品跟催与稽核　　B. 选择评估供应商

C. 采购谈判　　D. 提出需求

2.（　　）的特点是采购周期固定、采购批量不固定。

A. 定量订购法　　B. 少量订购法

C. 定期订购法　　D. 周期订购法

3. 定量订购法的关键因素有三个，包括（　　）、交货周期和采购批量。

A. 订购量　　B. 采购点

C. 需求点　　　　　　　　　　　　　　D. 周期点

四、判断题

1. 定量订购法是指对库存连续盘点，一旦库存到了预定的最低库存数量时，立即按规定的订货数量订购补充的采购方法。（　）

2. 定期订购法适用于品种少且占有资金量大的商品。（　）

3. 采购批量采用经济订货批量，就是使企业的采购费用与储存成本最小化，以实现总库存最低的最佳订货量。（　）

五、简答题

1. 简述采购的基本流程。

2. 简述定量订购法与定期订购法的区别。

六、案例分析

某保健品公司采购管理比较混乱，产品原材料采购量不合理，造成采购成本增大。其中 A 保健产品市场销售量大，原材料比较贵，而原材料采购经常不足，不能满足企业实际生产需求，需要多次频繁补货，造成采购成本增大；B 保健产品原材料比较便宜，但原材料库存积压过多，而且每月仍然要进货，造成大量流动资金被占用。

问题：请分析对该公司 A 保健产品和 B 保健产品原材料采购需求应该采用什么分析方法。

第三节　采购合同

一、名词解释

1. 采购合同

2. 要约

二、填空题

1. 采购合同的内容包括开头部分、____________和结尾部分。

2. 订立采购合同的程序是指____________对合同的内容进行协商，取得一致意见，并签署书面协议的过程。

3. 要约是一种订约行为，发出要约的人称为__________，接受要约的人称为__________。

三、单项选择题

1. 订立采购合同的程序包括（　　）。

A. 要约、承诺、填写合同文本、履行签约手续

B. 承诺、要约、填写合同文本、履行签约手续

C. 要约、承诺、履行签约手续、填写合同文本

D. 承诺、填写合同文本、要约、履行签约手续

2.（　　）是指若签约一方不履行合同，必将影响另一方经济活动，因而违约方应赔偿对方违约金或赔偿金。

A. 保险　　B. 不可抗力

C. 违约责任　　D. 货物的品种、规格和数量

3.（　　）是受要约人同意要约的意思表示。

A. 要约　　B. 邀请

C. 承诺　　D. 履行

4. 合同的名称、编号、签订地点、时间等部分属于合同的（　　）。

A. 开头部分　　B. 正文部分

C. 结尾部分　　D. 附件

四、判断题

1. 签订合同的当事人必须以自己的名义签订合同，不可委托别人代签。（　　）

2. 合同的内容必须由合同当事人一致同意，不管合同内容是否合法。（　　）

3. 合同条款中如有未尽事宜，可以以书面形式加以补充，即附件。（　　）

4. 采购谈判条款必须以合同文本方式记录下来，一般正式合同只有买方才有一份，卖方没有。（　　）

5. 采购合同必须采用书面形式。（　　）

五、简答题

1. 简述订立采购合同的程序。

2. 简述签订采购合同应遵循的原则。

六、案例分析

2018 年 9 月 15 日，天津 A 公司与上海 B 公司签订了一份音响采购合同。之后，天津 A 公司如约发货履行了合同义务，上海 B 公司也在收到发票后支付了全部货款。双方又先后签订了两份合同，天津 A 公司均依约履行了合同交货义务，但上海 B 公司一直未付其余的货款，天津 A 公司先后向上海 B 公司寄出发票、对账单，均未获任何回应。

问题：请根据违约责任的含义，分析上海 B 公司是否构成违约。

第三章 生产管理

第一节 生产管理概述

一、名词解释

1. 生产

2. 生产管理

二、填空题

1. 简单地说，生产管理的目标就是________、________、________、________地生产合格产品或提供满意服务。

2. 企业生产产品的________、____________和交货期是衡量企业生产管理成败的三要素。

三、单项选择题

1. 广义生产管理的核心是（　　）。

A. 生产过程管理　　B. 劳动管理

C. 质量管理　　D. 成本管理

2. 以下不属于生产管理的是（　　）。

A. 安全管理　　B. 物资管理

C. 劳动管理　　D. 人力资源管理

3. 生产输入的是原材料、顾客、劳动力和机器设备等，输出的是（　　）。

A. 有形产品　　B. 无形产品

C. 有形产品和无形服务　　D. 利润

四、判断题

1. 生产管理的目标就是花较少的钱办较多的事。 (　　)
2. 生产管理就是在生产过程中对人的管理。 (　　)

五、简答题

1. 简述生产管理的目标。

2. 简述生产管理的任务。

六、案例分析

福特的生产模式革新

1913 年，福特汽车公司开发出了世界上第一条流水线。亨利・福特等人对美国的制造业模式进行了革命性的改造，使其形成大规模生产模式。

新的生产模式强调畅通的运作流程和装配线上的操作效率，以及专业的机器设备和专业化分工，并通过标准化产品获得规模经济。这种模式不仅巩固了美国制造业的领先地位，而且使其成为世界上占统治地位的制造国和出口大国。

问题：试分析福特汽车公司在流水线生产模式下的生产管理的任务。

第二节　生产计划管理

一、名词解释

1. 综合计划

2. 生产计划管理

二、填空题

1. 制造企业的生产计划一般分为____________、____________和____________三种。

2. 产品产值指标是指用______表示的企业生产产品的数量。它解决了企业生产多种产品时，不同产品产量之间不能________的问题。

3. 大批大量生产企业的生产特点是____________、____________和____________。

三、单项选择题

1. 产品质量包括外在质量和内在质量，下列不属于内在质量的是（　　）。

A. 产品性能　　B. 使用寿命

C. 工作精度　　D. 包装

2. 下列不属于产品外在质量的是（　　）。

A. 颜色　　B. 式样

C. 包装　　D. 工作精度

3. 下列不属于产品产值指标的是（　　）。

A. 商品产值指标　　B. 利润指标

C. 总产值指标　　D. 净产值指标

四、判断题

1. 生产计划是企业经营计划的重要组成部分，是企业在经营计划期间完成生产目标的行动纲领。（　　）

2. 生产计划的层次一般包括总体计划、部门计划和个人计划。（　　）

五、简答题

1. 简述生产计划的主要指标。

2. 简述生产计划管理的主要内容。

3. 简述单件小批量生产类型的生产进度安排方法。

六、案例分析

下表是某电动车公司总生产计划。

月份	1	2	3
A 型车产量（辆）	10 000	15 000	20 000
B 型车产量（辆）	30 000	30 000	30 000
总工时（h）	68 000	70 000	75 000

问题：

1. 根据生产计划的主要指标，分析该案例中有哪几种指标。
2. 该案例反映的生产计划指标每月总量是多少?

第三节　生产组织管理

一、名词解释

1. 生产组织管理

2. 工艺专业化

二、填空题

1. 生产组织管理包括生产技术准备过程的管理、________________、________________、________________和附属生产过程的管理等几个方面。

2. 生产组织管理的基本要求包括____________、____________、____________、____________、____________等几个方面。

3. 企业生产类型按照工作专业化程度不同分为____________、____________和____________。

三、单项选择题

1. 下列叙述中不属于工艺专业化形式优点的表述是（　　）。

A. 适应性强，可以适应企业各个不同产品的加工要求

B. 便于充分利用设备和生产空间

C. 便于加强专业管理和进行专业技术指导

D. 个别设备出现故障或进行维修时对整个产品的生产制造影响较大

2. 在批量生产零件的移动方式中，生产周期最长的是（　　）。

A. 顺序移动方式　　B. 平行移动方式

C. 平行顺序移动方式　　D. 交替移动方式

3. 一般来讲，锅炉、船舶、机车的生产属于（　　）。

A. 订货型生产　　B. 备货型生产

C. 批量型生产　　D. 存货型生产

四、判断题

1. 平行顺序移动方式的优点是计算比较简单。（　　）

2. 生产过程的连续性是要求产品生产过程的各个工艺阶段、工序之间在时间上紧密衔接，连续进行。（　　）

五、简答题

1. 简述工艺专业化形式的优、缺点。

2. 简述批量生产零件的移动方式及其优、缺点。

六、案例分析

长城汽车的生产布局

长城汽车是国内著名品牌，其天津生产基地规划年总产能为 80 万辆，拥有配套零部件园区及出口物流基地。国际最前沿尖端技术的运用，信息化、自动化的生产设施成为其天津生产基地的最大亮点，也是其产品高品质的坚实基础和保证。天津项目引进世界最前沿、最先进的科技和信息化设备，一期项目占地面积为 795.10 亩，包括冲压、焊装、涂装、总装四大车间，以及交检评审车间等。

其中冲压车间承担年产 25 万辆 MPV、SUV 和轿车车身大型覆盖件及主要冲压件的生产任务。车间按工艺流程分为开卷落料区、生产区、钣金件存储区三大区域，卷料引自宝钢和鞍钢，从原材料上充分保证了产品的质量。冲压各生产线均实现了整线封闭，即整个冲压线用隔音材料进行防护。运用这项技术可以大大降低车间噪声，改善车间生产环境，更重要的是，整线封闭可以有效减少灰尘对冲压件表面造成的不良影响。

问题：试简单分析长城汽车在生产过程的空间组织管理上采取了什么形式，并说明这种形式有什么特点。

第四节　生产现场管理

一、名词解释

1. 生产现场管理

2. 标准化

二、填空题

1. 生产现场管理的三大工具是____________、____________、____________。

2. 看板管理是__________的一种表现形式，即对数据、情报等的状况一目了然地进行透明化的管理活动。

3. 6S 管理是指对生产要素所处的状态不断地进行____________、____________、____________、____________、____________和____________的活动。

三、单项选择题

1. 生产活动的根本因素是（　　）。

A. 工人　　B. 设备　　C. 原材料　　D. 电力

2. 目视管理是（　　）。

A. 利用形象直观而又色彩适宜的各种视觉感知信息来组织现场生产活动的一种科学管理方法

B. 利用眼睛进行管理，眼见为实的管理方法

C. 利用视频进行管理，记录工作过程

D. 相互监督、相互制约的管理

四、判断题

1. 所谓整顿，就是将工作场所任何东西区分为有必要的与不必要的，把必要的东西与不必要的东西明确地、严格地区分开来，不必要的东西要尽快处理掉。（　　）

2. 素养是指遵章守纪，重视道德品质修养，通过晨会等手段，提高员工文明礼貌水准，增强团队意识，养成按规定行事的良好工作习惯。（　　）

五、简答题

1. 简述生产现场管理的目标。

2. 生产现场管理的基本要求包括哪几个方面?

3. 简述 6S 管理的基本内容。

六、案例分析

丰田的生产管理

丰田的生产管理主要有以下几个特点：

1. 建立看板体系

这种方式就是重新改造流程，改变由经营者主导生产数量的传统，转而重视顾客的需求，由后道工序的工程人员借由看板告诉前道工序的工程人员相关需求（如需要多少零件、何时补货等），即逆向控制生产数量的方式。这种方式不仅能实现零库存，节省库存成本，更重要的是能提高整个流程的效率。

2. 强调实时存货

依据顾客的需求，生产必要的东西，在必要的时候，生产必要的量，这种丰田独创的生产管理概念，在 20 世纪 80 年代就已经被美国企业采用，并有很多成功案例。

3. 标准作业彻底化

丰田对生产的内容、顺序、时间控制和结果等所有工作细节都制定了严格的规范，如安装轮胎和引擎需要几分几秒等。但这并不是说标准是一成不变的，只要工作人员发现了更好、更有效率的方法，就可以变更作业标准。

4. 杜绝浪费和马虎

杜绝浪费任何一点材料、人力、时间、空间、能量、运输等资源，是丰田生产方式最基本的概念。丰田要求每个员工在每一项作业环节里，都要重复问为什么（Why）等问题，然后想如何做（How），即“5W1H”，并确认自己以严谨的态度完成完美的制造任务。

5. 生产平准化

平准化指的是“取量均值性”。假如后一项工程生产作业的取量变化大，则前一项作业必须准备最高量，由此造成库存浪费。丰田要求各生产工程的取量尽可能达到平均值，也就是前后一致，为的是将需求与供应实现平准，降低库存与生产浪费。

6. 活人、活空间

在对流程进行不断改善的过程中，丰田发现，在生产量不变的情况下，生产空间却可精简许多，而这些剩余的空间可以灵活运用。人员也是一样，假如一条生产线上有 6 个人，在组装时抽掉 1 个人，则空间空出来而工作人数由 6 个人变成 5 个人，原来那个人的工作被其他 5 人承担。这样灵活的工作体系，丰田称为“活人、活空间”，即鼓励员工都成为“多能工”，以创造最高价值。

7. 养成自动化习惯

这里的自动化不仅仅包括机器，还包括人的自动化，也就是养成良好的工作习惯，不断学习创新，这也是企业的责任。通过生产现场教育训练的不断改进与激励，以及成立丰田学院，人员的素质越来越高，反应越来越快，动作越来越精确。

问题：

1. 请结合生产现场管理的基本要求分析丰田的现场管理。

2. 请结合生产现场管理的三大工具分析丰田的现场管理。

第四章 | 仓储与配送管理

第一节 仓储管理

一、名词解释

1. 仓储管理

2. “五五化”式堆码

二、填空题

1. 仓储活动主要包括__________、在库和出库三个作业阶段，以及包装、________、分拣、装配、发运和信息处理等基本环节。

2. 入库验收的基本要求是____________、及时、严格。

3. 商品在库阶段管理包括货位规划、______________、品质维护、____________。

4. 商品出库阶段管理包括出库准备、____________、备货、包装、____________、发运。

三、单项选择题

1. 仓库货位编号通常采用（　　），即按照从大地址到小地址的顺序进行编号，如2–1–2–1。

A. 四号定位法　　B. 分区分位法

C. 商品编号法　　D. 三号定位法

2.（　　）垛堆适合需要通风保管的商品，垛堆时每件商品和另一件商品之间都留有一定的空隙以利于通风。

A. 纵横交错式　　B. 重叠式

C. 宝塔式　　D. 通风式

3.（　　）是指对入库商品进行有效保管和保养，防止商品老化或变质造成货损。

A. 盘点检查　　B. 品质维护

C. 货位规划　　D. 分类堆码

四、判断题

1. 只有检验合格的商品才可以办理入库手续。（　　）

2. 商品盘点结束后，要将每种货物的账存数量与盘点数量进行比较，计算出差异。如果差异在合理的范围内，就不需要分析差异原因。（　　）

3. 发运是商品保管的最后一个环节。（　　）

4. 在办理入库业务时，审核送货单或入库单的内容是非常重要的。（　　）

五、简答题

1. 简述仓储管理流程。

2. 简述商品入库验收的内容。

六、案例分析

2017 年 12 月 1 日，A 物流公司与 B 商贸有限公司签订仓储合同，合同期限为 2 年，合同中规定 A 物流公司负责保管 B 商贸有限公司的货物，合同中严格规定商品入库要根据盖有“B 商贸有限公司”公章的送货单进行验收，商品出库要根据盖有“B 商贸有限公司”公章的提货单出库，否则 A 物流公司不可办理商品出库、入库业务。2018 年 1 月 18 日，A 物流公司收到 B 商贸有限公司的提货单，要求当日提货，并写明了商品品名、提货数量、提货人姓名等内容，仓库管理员小王及时备货并办理了出库手续。但当小王当天下班整理单据时，发现 B 商贸有限公司的提货单没有盖单位的公章，该提货单手续不全，小王急忙向上级主管领导汇报，A 物流公司领导认为是 B 商贸有限公司忘了盖章，希望 B 商贸有限公司给 A 物流公司补交盖章的提货单，但 B 商贸有限公司答复说，他们当天并没有提货，该单据上的提货人也不是 B 商贸有限公司的职工。

问题：

1. 请问本案例中，小王办理出库过程中存在什么问题？

2. 请问B商贸有限公司的货物损失应由谁来承担？

第二节　配送管理

一、名词解释

1. 配送

2. 第三方物流配送模式

二、填空题

1. 根据提供配送服务的主体不同，一般将企业的配送模式分为＿＿＿＿＿＿、供应商配送模式、第三方物流配送模式和＿＿＿＿＿＿＿＿。

2. 企业配送业务由备货、＿＿＿＿和＿＿＿＿三个基本环节组成。

3.＿＿＿＿＿＿＿是指配送的基本方式和方法。

三、单项选择题

1.（　　）是配送活动的核心，也是备货和理货工序的延伸。

A. 备货　　B. 理货

C. 送货　　D. 退货

2.（　　）配送模式是多家企业和供应商为实现整体配送合理化，以互惠互利为原则，共同出资建立配送中心，并由出资方共同经营管理，为所有出资企业提供统一配送服务的一种协作型配送模式。

A. 第三方物流　　B. 供应商

C. 共同　　D. 自营

3.（　　）配送模式是指企业物流配送的各个环节由企业自己筹建、组织、管理，并对企业内部和外部进行配送的模式。

A. 第三方物流　　B. 供应商

C. 共同　　D. 自营

4.（　　）配送模式可以实现“上午下订单，下午就到货”，适合“小批量，多频次”的订货，便于实现逆向物流。

A. 第三方物流　　B. 供应商

C. 共同　　D. 自营

四、判断题

1. 配送管理要及时了解市场的需求，合理向客户配送商品，做到商品配送的适销、适时、适量。（　　）

2. 配送质量管理主要应以提高配送工作全过程的质量、不计成本为目标。（　　）

3. 自营配送模式可以使企业减少固定资产投资，规避经营风险，集中于企业核心业务，提高企业核心竞争力。（　　）

五、简答题

1. 简述配送管理的内容。

2. 简述配送的业务流程。

六、案例分析

A 连锁超市在北京有 20 多家门店，且均处在繁华的闹市区，但占地面积都不是很大。A 连锁超市每隔一个星期就到供应商处进货，再分别配送到各连锁超市。该企业每年的配送成本达销售额的 30%，各门店配送商品品种和数量相差很大，而且经常变化，造成该企业配送资金浪费，配送管理成为企业的一大难题。

问题：

1. 请分析 A 连锁超市采取的是哪一种配送模式。
2. A 连锁超市配送模式存在什么问题?

第五章 市场营销管理

第一节　市场营销管理概述

一、名词解释

1. 市场

2. 市场营销

二、填空题

1. 市场包含________________、________________和________________三个主要因素。

2. 市场营销观念是企业从事营销活动的指导思想，其核心是企业如何正确处理____________、____________和____________三者的关系，并以此为指导开展营销活动。

3. 市场营销管理的基本过程包括________________、________________、________________、________________四部分。

三、单项选择题

1. 某日用化工厂以生产洗衣粉为主要业务，主要为国内外知名品牌贴牌生产，工厂有自有品牌，但销量一般。目前该工厂生产稳定，订单充足。这家工厂的市场营销观念属于（　　）。

A. 生产观念　　B. 产品观念

C. 推销观念　　D. 营销观念

2. 在超市中，经常能看到商品以 19.9 元、8.8 元的价格销售，这是利用价格吸引顾客购买的营销手段。19.9 元和 20 元虽然仅差 0.1 元，但顾客更容易接受。这种营销策略属于（　　）。

A. 产品策略　　B. 价格策略

C. 渠道策略　　D. 促销策略

3. 电视购物是近年来新兴的营销手段，主播会主动向顾客介绍产品，不管顾客是否愿意听，他们相信自己一定可以打动客户。这种营销观念属于（　　）。

A. 生产观念　　B. 推销观念

C. 营销观念　　D. 产品观念

四、判断题

1. 营销实施的目的是建立适应本企业的营销渠道体系，在保障企业正常运营的基础上，进一步扩大企业的销售，提升企业的产品形象、品牌形象和社会形象，以实现企业的长远可持续发展。（　　）

2. 市场营销观念的核心是企业如何正确处理政府、客户和供应商三者的关系，并以此为指导开展营销活动。（　　）

五、简答题

1. 试对产品观念、推销观念和市场营销观念进行比较。

2. 简述市场营销管理的基本过程及内涵。

六、案例分析

金六福的营销策略

1998 年到 2000 年，金六福给人们的品牌体验更多的是个人的福运，其传播口号主要是“好日子离不开它”和“喝金六福酒，运气就是这么好”。2001 年到 2002 年，金六福通过赞助世界杯出线、中国申奥，将这种体验提升到民族的福、国家的福——“中国人的福酒”。2004 年以后，搭车雅典奥运，它又将福文化推向国际，让人们体验“世界的福”。短短几年，金六福的“福文化”不断提升和积淀。

金六福换广告的速度惊人，发展速度也惊人。1998 年才诞生的金六福，尽管本身并不生产一滴酒，却只用了短短 3 年就在高度竞争的白酒市场做到了 2001 年新锐白酒第一名的规模。2003 年金六福销售额达 18 亿元，2004 年突破 20 亿元，金六福被中国食品工业协会评为“跨世纪中国著名白酒品牌”。金六福运用“国有喜事金六福，家有喜事金六福，中秋团圆金六福，春节回家金六福”系列广告，以中华民族的传统与民族情感为诉求，拉近与消费者的距离。金六福善用事件营销，不断挖掘重大社会事件中的民族情感寄托，做活品牌关联。大到民族情感，小到家庭团圆喜庆，都被它用心地凝聚在“福”字上，强化着金六福的核心价值定位。从一声稚嫩的“好日子，离不开金六福”拉开其情感营销序幕，到 2001 年展现中国社会“福满乾坤春满门”，金六福以“顺情”和“煽情”赢得顾客，赢得市场。

问题：

1. 结合材料，试分析金六福营销策划过程体现的营销观念。

2. 简单分析金六福营销成功的原因。

第二节　营销环境分析

一、名词解释

1. 营销环境

2. 品牌竞争者

二、填空题

1. 营销环境可以分为__________________和__________________。

2. 公众是________________与企业营销活动发生关系的________________的总称。

3. 营销微观环境包括___________、___________、营销渠道、___________、公众、__________________等几个方面。

三、单项选择题

1. B 公司在进入某国市场前做了营销环境分析，其中包括市场潜力评估、竞争对手分析、社会文化分析、消费习惯分析、自然环境分析。上述因素中属于微观环境的是（　　）。

A. 文化和市场潜力　　B. 竞争对手

C. 自然环境　　D. 消费习惯

2. 某地市场上的猪肉涨价较多，于是人们购买牛肉作为替代品；待猪肉价格恢复正常，牛肉又开始涨价。牛肉与猪肉生产企业之间的竞争关系属于（　　）。

A. 平行竞争　　B. 愿望竞争

C. 产品竞争　　D. 零和竞争

3. 中国的肯德基开始销售盖浇饭，体现了（　　）因素对营销观念的影响。

A. 自然环境　　B. 人口

C. 社会文化　　D. 技术发展

四、判断题

1. 机会与威胁分析实质上就是对企业外部环境因素变化的分析。 ( )

2. 企业优势和劣势分析实质上就是对企业所面对的宏观环境分析的总结，或称企业实力分析。 ( )

五、简答题

1. 简述宏观市场环境的内容及其对企业营销活动的影响。

2. 简述 SWOT 分析法。

六、案例分析

盒装王老吉推广策略（1）

曾几何时，“怕上火，喝王老吉”的广告语响彻大江南北，喝王老吉饮料一时间成为一种时尚，王老吉饮料成为人们餐间饮料的重要组成部分。当时，所有的光环都笼罩在红色罐装王老吉身上，而在这光环之外，绿色盒装王老吉却一直默默无闻。

凉茶是广东、广西地区一种用中草药熬制、具有清热祛湿等功效的“药茶”。在众多老字号凉茶中，以王老吉最为著名。王老吉凉茶发明于清道光年间，被公认为凉茶始祖，有“药茶王”之称。到了近代，王老吉凉茶更随着华人的足迹遍及世界各地。

20 世纪 50 年代初，王老吉凉茶铺分成两支：一支完成公有化改造，发展为今天的王老吉药业股份有限公司（以下简称王老吉药业）；另一支由王氏家族的后人带到香港。

在中国内地，王老吉的品牌归王老吉药业所有。在中国内地以外的国家和地区，王老吉品牌为王氏后人所注册。

红罐王老吉由香港王氏后人提供配方，经王老吉药业特许，在一段时间内由加多宝公司独家生产经营。盒装王老吉则由王老吉药业生产经营。

王老吉药业以生产经营药品为主业，而作为饮料的盒装王老吉，其销售渠道、推广方式等均与药品千差万别，因此一直以来王老吉药业对其推广力度有限。而在红罐王老吉进行大规模推广后，盒装王老吉也主要采取跟随策略，以模仿红罐王老吉为主，没有形成清晰的推广策略，销量增长缓慢。

同为王老吉品牌，市场表现却如此低迷，着实让盒装王老吉的生产企业——王老吉药业倍感焦急。（未完待续，见下节案例分析。）

问题：简单分析盒装王老吉面临的微观市场环境。

第三节　市场细分与定位

一、名词解释

1. 市场细分

2. 市场定位

二、填空题

1. 常用的市场细分变量包括____________、____________、____________和____________。

2. 目标市场是指通过市场细分，被企业所选定的，准备以相应的____________和____________去满足其现实的或潜在的____________的细分市场。

3. 企业在选择目标市场时，根据企业实际情况，可以选择____________目标市场营销策略、____________目标市场营销策略、____________目标市场营销策略。

三、单项选择题

1. K 公司是一家以经销个人电脑为主营业务的全国性公司，公司设立了华南、华东、华北三个销售部。公司设计了一款针对在校学生的“学习之星”电脑，此外还有一款针对商务人士的“商务通”电脑。K 公司市场细分依据的变量是（　　）。

A. 行为和人口　　B. 地理和人口

C. 地理和心理　　D. 行为和心理

2. 下列不属于市场细分作用的是（　　）。

A. 有利于企业发现新的市场机会，形成新的目标市场

B. 有利于企业及时获取反馈信息和调整营销策略

C. 有利于企业提高经济效益

D. 有利于企业扩大市场规模

3. 某餐饮公司把全国分成三个不同的市场。在北部地区，主要推出咸鲜口味的菜品；在南部地区，主要推出甜咸口味的菜品；在西部地区，则主要推出麻辣口味的菜品。这种市场细分属于（　　）。

A. 人口细分　　B. 地理细分　　C. 心理细分　　D. 行为细分

四、判断题

1. 地区、气候、城乡、人口密度、消费习惯都可作为市场细分中的地理变量。（　　）

2. 市场细分是选择目标市场的前提，选择目标市场则是市场细分的目的。（　　）

五、简答题

1. 企业在营销活动中为什么要进行市场细分?

2. 简要分析无差异性目标市场营销策略、差异性目标市场营销策略、集中性目标市场营销策略三种策略的区别。

六、案例分析

盒装王老吉推广策略（2）

从2004年开始，经与加多宝公司协商，盒装王老吉也使用“怕上火，喝王老吉”的广告语进行推广。通过一年时间的推广，王老吉药业感到，盒装王老吉以“怕上火，喝王老吉”为推广主题不够贴切，不能最大程度地促进销量。同时，王老吉药业隐约觉得，盒装王老吉的市场最大潜力应该来自于对红罐王老吉市场的细分。如果要细分，就一定要找到盒装王老吉与红罐王老吉的不同点，也许是不同的价格，也许是不同的人群，也许是不同的场合……

由此，2005年年底，王老吉药业向其战略合作伙伴成美营销顾问公司提出一个课题：“盒装王老吉如何细分红罐王老吉的市场，以此形成策略指导盒装王老吉的市场推广。”

作为王老吉药业的战略顾问，成美专家就该课题进行了专项研究，随着研究的展开，一个疑问油然而生，细分红罐王老吉的市场是否真能最大程度地促进盒装王老吉的销售?

成美从消费者、竞争者及自身三个方面进行了分析研究。

从消费者角度来看，盒装王老吉与红罐王老吉没有区别，是同品牌的不同包装、价格而已。虽然盒装王老吉与红罐王老吉是两个企业生产的产品，但在消费者眼中它们不过是类似于瓶装可乐和罐装可乐的区别，只是将同样的产品放在不同的容器中而已，是同一个产品系列，不存在本质上的差别。而盒装王老吉与红罐王老吉在价格上的差异，也是因为包装的不同而产生的。由此可见，消费者将盒装王老吉与红罐王老吉等同视之，如果一个品牌两套说辞，将使消费者认识混乱。

从产品本身来看，盒装王老吉因包装、价格不同，已存在特定消费群和消费场合。包装形式的不同决定了盒装王老吉与红罐王老吉在饮用场合上也存在差异。红罐王老吉以红色铁罐的“着装”展现，显得高档、时尚，能满足中国人的礼仪需求，可作为朋友聚会、宴请等社交场合饮用的饮料，故红罐王老吉在餐饮渠道表现较好。盒装王老吉以纸盒包装出现，分量较轻，包装质感较差，不能体现出档次，无法与红罐王老吉在餐饮渠道竞争。

排除了盒装王老吉在餐饮渠道的机会，那么在即饮（即方便携带的小包装饮料，开盖即喝）和家庭消费（非社交场合）市场，是否存在机会?

即饮和家庭消费市场的特点是什么? 价格低，携带方便，不存在社交需求。

对于即饮市场，红罐王老吉每罐 3.5 元的零售价格，与市场上其他同类包装形式的饮料相比，相对较高，不能满足对价格敏感、收入有限的消费人群（如学生等）。而盒装王老吉同为“王老吉”品牌，每盒 2 元的零售价格，对于喜欢喝王老吉饮料的上述人群而言，无疑是最佳选择。

家庭消费市场则以批量购买为主，在家里喝饮料没有讲排场的需求，在质量好的前提下，价格低廉成为家庭购买的主要考虑因素。盒装王老吉同样满足这一需求。

因此，在即饮和家庭消费市场，盒装王老吉可作为红罐王老吉不能顾及的市场的补充。（未完待续，见下节案例分析。）

问题：简单分析盒装王老吉为什么要进行市场细分。

第四节　市场营销组合策略

一、名词解释

1. 市场营销组合策略

2. 产品生命周期

3. 促销策略

二、填空题

1. 市场营销组合方式一般把营销因素分为________、________、________和________四大类。

2. 分销渠道的基本类型包括________、________和________。

3. 分销渠道策略主要分为________、________和________三种策略。

4. 产品生命周期一般经历________、________、________和________四个阶段。

三、单项选择题

1. 某玩具工厂在广东省内仅选定一家连锁超市作为经销商，超市每周向工厂报告产品销售情况，以确保货源充足。这种分销渠道策略属于（　　）。

A. 选择型策略　　　　B. 密集型策略

C. 多家分销策略　　　　D. 独家策略

2. M 公司设计并经销的 Micon 系列迷你音箱经过长期的市场培育，最近逐渐被消费者接受，产品销售量迅速增加。目前公司正在联系工厂增加产量，并进一步扩大市场宣传力度。Micon 系列产品目前处在产品生命周期的（　　）阶段。

A. 导入　　B. 成长　　C. 成熟　　D. 衰退

3. 某产品刚刚进入一个全新市场，宜采取（　　）的市场营销策略。

A. 低价格、高促销费用

B. 增加产品新的功能

C. 增加产品的使用次数，增加每次的使用量

D. 放弃某些销售额过小的细分市场

四、判断题

1. 产品具有自身的生命周期，当产品进入成熟阶段以后，企业应将营销重点放在其他新生产品上，对成熟阶段的产品逐步放弃。（　　）

2. 人员促销能否获得成功的关键不仅在于产品本身的优势，更在于对报酬与业绩采用更加紧密的联动机制。 (   )

五、简答题

1. 影响产品定价的因素主要包括哪些？简要分析其原因。

2. 简述产品生命周期不同阶段的特点。

3. 分销渠道策略主要包括哪几种类型？各自有什么特点？

六、案例分析

盒装王老吉推广策略（3）

确定了盒装王老吉是对红罐王老吉的补充这一定位后，成美对具体推广策略进行了研究。

首先，明确盒装王老吉与红罐王老吉的差异。该差异是站在营销策划者的角度，调查消费者所感知到的差异，而非生产企业之间存在或认为的差异。经调查，消费者认为盒装王老吉与罐装王老吉的差异是：相同产品，不同的包装、价格。因此，在推广时要与罐装王老吉的风格保持一致，避免刻意强调一个是加多宝公司生产的红罐王老吉，一个是王老吉药业生产的盒装王老吉，避免让消费者产生这是两个不同产品的感觉。

其次，确定盒装王老吉的目标消费群。如前所述，盒装王老吉的主要消费市场是即饮市场和家庭，结合盒装王老吉每盒 2 元的零售价格及纸盒形式的包装，可以确定在即饮市场中将会以对价格敏感、收入有限的人群为主要消费群和推广对象，如学生。在家庭消费市场中，由于家庭主妇是采购的主力军，因此将家庭主妇作为盒装王老吉的主要推广对象。

最后，确定推广策略。通过系统的研究分析，最终确定盒装王老吉的推广要达到两个目的：其一，要让消费者认为盒装王老吉与红罐王老吉是相同的王老吉饮料；其二，要让消费者认为盒装王老吉是红罐王老吉的不同规格。

据此，盒装王老吉的广告语最后确定为："王老吉，还有盒装。"

在具体推广执行中，成美建议，影视广告场景在着重表现出以家庭主妇及学生为主体的消费群的同时，要强调新包装上市的信息。而平面广告设计，在征得加多宝公司的同意后，大量借用红罐王老吉的表现元素，以便更好地与红罐王老吉产生关联，易于消费者记忆。

策略制定后，王老吉药业据此进行了强有力的市场推广，盒装王老吉 2006 年销售额即由 2005 年的 2 亿元跃至 4 亿元，而 2010 年销售额已突破 15 亿元。

问题：

1. 分析盒装王老吉的产品策略。

2. 分析盒装王老吉的价格策略。

第六章 人力资源管理

第一节 人力资源管理概述

一、名词解释

1. 人力资源

2. 人力资源管理

二、填空题

1. 按照操作流程，人力资源管理的主要内容分为人力资源规划、________________、________________、________________、________________、________________、________________和员工薪酬管理等方面。

2. 薪酬是指员工从企业所得到的金钱以及各种形式的__________和__________，它作为企业给员工的劳动回报的一部分，是劳动者应得的劳动报酬。

三、单项选择题

1. 联想集团的柳传志认为：企业管理者三件最重要的事是搭班子、定战略、带队伍。其中“带队伍”不包括（　　）。

A. 绩效考评　　B. 员工培训

C. 薪酬管理　　D. 市场分析

2. 绩效考评主要考查员工的（　　）。

A. 工作成果和个人能力　　B. 工作态度和工作成果

C. 工作态度和个人能力　　D. 管理能力和工作行为

四、判断题

1. 人力资源管理就是为企业招募能够用、足够用的人。 （ ）

2. 制订人力资源计划的目的之一就是为了保证人力资源管理活动与企业的战略方向和目标相一致。 （ ）

五、简答题

1. 人力资源的内涵有哪几个特点?

2. 简述人力资源开发与管理同传统人事管理的区别。

六、实训题

结合班级实际情况，用 6W1H 职务分析公式为“班长”这一职务编写一份岗位说明书。

第二节 人力资源规划

一、名词解释

1. 人力资源规划

2. 人员晋升计划

二、填空题

1. 人力资源规划从狭义的角度看，分为________、________和________；从广义的角度看，还包括________、________、________和其他计划。

2. 人力资源规划程序包括________、________、________，以及人力资源规划的实施与效果评价四个步骤。

三、单项选择题

1. 人力资源规划一般不包括（ ）。

A. 员工资源发展规划　　B. 薪酬激励规划

C. 培训计划　　D. 市场趋势分析

2. 以下不属于人力资源需求预测方法的是（ ）。

A. 德尔菲法　　B. 时间序列法

C. 回归分析法　　D. 经验预测法

3. 以下不会影响企业人力资源需求的因素是（ ）。

A. 企业生产　　B. 技术革新

C. 员工流失率　　D. 法定休假

四、判断题

1. 从时限上看，人力资源规划可以分为中长期计划和按照月度、季度编制的短期计划。（ ）

2. 员工职业生涯规划既是员工个人的发展规划，又是企业人员规划的有机组成部分。（ ）

3. 人力资源规划是企业发展战略的重要组成部分，同时也是实现企业战略目标的重要保证。（ ）

五、简答题

1. 简述人力资源规划的主要作用。

2. 简述影响人力资源预测的主要因素。

六、案例分析

草原兴发人力资源规划

草原兴发在十年的创业历程中，特别注重智力资本的积累，把培养人才作为公司发展的百年大计。从肉鸡产业到肉羊产业，从畜禽饲养到产品加工销售，草原兴发始终把培养自己的人才队伍放在首位，始终把人力资源作为企业最重要的资源来开发。他们突出强调团队的整体作战能力，即通过合理的组织架构，把最适合草原兴发事业各条战线发展的人才聘任选拔到最需要、最适合的岗位上去，并通过系统的培训措施，使之成为该领域的行家里手，成为企业的专有人才。

目前，草原兴发已经在畜禽养殖、产品研发、生产管理、质量监督、营销管理、形象设计、战略管理等方面积累了一大批专家型人才，形成了各类专业人才横向组合、取长补短、共同推动事业发展的格局。与此同时，为了提高工作效率，草原兴发极为重视人才梯队的培养，并本着“最适合”原则将内部人才分为三个层次，形成了纵向组合的阶梯式人才队伍，具体如下：

一是头脑型人才。这些人知识广博，视野开阔，决策果断，处在公司领导层或各部门负责人的重要位置，他们必须根据瞬息万变的外部环境，把握方向，调整部署，并克服过去通常提倡的必须身先士卒的误区，努力完成从个人英雄型人员向合格教练型人员的转变，引领团队的整体成功。

二是手臂型人才。这些人通常是各层面的副职，主要配合头脑型人才开展工作，贯彻上级意图，避免由于执行不力而造成决策与执行断层的危险。手臂型人才的关键是积极、有效地执行既定战略，强化“克服一切困难，把事情做成”的能力，从而形成一个强大的执行层，并由此产生上下贯通的整体合力。

三是手指型人才。这些人虽然学历不高，但其单兵作业与岗位技能均须非常突出。如羔羊肉生产线上的某个员工，懂电脑会外语也许并不重要，但其刀法的娴熟程度不仅影响流水作业的生产效率，而且直接影响生产链条的产品质量。经过各类专业培训，草原兴发已经积累了几千名合格的手指型人才，这一庞大的人才团队无疑是执行者执行决策者战略的重要兵团。

由此可见，草原兴发已经建成了一座坚实的“人才塔”。塔基是业务熟练的一线员工，塔身是功夫过硬的技术骨干，塔顶是懂技术、善管理的决策层。与此同时，草原兴发还搭建了一个由国内相关一流专家组成的外部专家团，重点在禽病防治、动物营养、连锁经营、国际贸易、生物工程等方面取得专家的权威支持，以使“内部专家”与“外部专家”两大系统充分地融合，形成共同支持事业发展的格局。

为了充分调动员工的主动性，根据事业发展需要培育人才，从 1998 年起，草原兴发在企业内部推行“员工职业生涯规划”模式。这一模式分为以下四个阶段：

一是起步阶段。通常指员工进入企业的 3 到 5 年间。近年来，草原兴发主要招收应届毕业生，目的是使他们一步入社会就接受优秀的企业文化。通常刚毕业的学生期望值很高，积极性也很高，因而及时地予以引导，帮助他们搞好职业生涯规划非常重要。在入厂教育中，草原兴发主要安排职业生涯规划教育，聘请外部专家讲课，对人生规划的重要性及规划要点给予具体指导，使新员工一踏进草原兴发就明确努力方向。同时，企业安排新员工下厂锻炼，与车间工人同吃同住同劳动，目的是使新员工了解工人，熟悉生产流程，尽早完成由毕业生到合格员工的转变，并在今后制定政策时充分考虑基层的各个层面，避免官僚化。此外，草原兴发坚持内部人才流动无壁垒，尽可能让每一个毕业生去从事他们所喜爱的工作，以使他们的聪明才智得到最大发挥。

二是成长期。一般指员工进入企业的 7 到 10 年间。这一阶段，很多员工都建立起比较稳定的家庭，社会网络开始成熟，非工作时间分心较多，一些人在事业上已小有成就，可能会出现懈怠现象，因而草原兴发制定的职业生涯规划主要突出的是培养危机意识，消灭自满情绪，使其平稳过渡，继续向更高目标发展。例如，积极开展“中国加入WTO后，草原兴发怎么办？你怎么办？你失去草原兴发怎么办？”等专题培训和座谈，调动这批骨干人员继续创业的积极性，对有发展的人才则直接送到国内重点院校进行MBA培训，培养其综合管理能力和组织指挥能力。

三是成熟期。通常指员工进入企业10到15年间。这一阶段不单单是指年龄的成熟，更重要的是工作心态和工作风格的成熟，处于这一阶段的员工往往失去了年轻人的活力，而且惯于墨守成规，因而草原兴发注重培养他们的创新意识，通过不断引进新信息，激发他们的创新欲望，焕发他们继续为企业创造业绩的激情。

四是衰老期。在这个年龄段往往有两类人，一类处于事业的顶峰时期，另一类是地位下滑的失意者。草原兴发以各种方式充分肯定创业元老的自身价值，帮助各位元老二次定位，使他们在充分发挥余热的同时带出更多的新人，同时为其安排一些非决策性工作，目的是为年青员工树立榜样。

草原兴发决策层认为，每个员工都可能在其所在的领域成为专家，每个人都有可能实现自己的理想，但要想使这些可能变成现实，就需要帮助他们做好人生规划，为每一个员工创造条件，使他们充分扮演好自己的角色，把自己的特长淋漓尽致地发挥出来，实现自我价值，实现定位目标。而当每一个员工真正把自己的人生目标与企业发展目标紧密结合起来的时候，草原兴发也就拥有了快速发展最牢固的基石。

问题：

1. 草原兴发在设计“员工职业生涯规划”模式时主要参考了哪些因素？

2. 你认为“员工职业生涯规划”对员工的职业发展和企业的发展有什么作用？

第三节　职务分析与设计

一、名词解释

1. 职位分析

2. 工作日志法

二、填空题

1. 职务分析的内容包括________________、________________、________________、________________以及劳动环境和劳动条件分析。

2. 在职务分析的方法中，____________________方法是由职务分析人员到工作现场，直接对员工的工作进行观察，并以标准格式记录有关工作的信息。

3. 职务丰富化是指赋予员工更多的责任、________和________。

4. 职务丰富化的途径有：一是实行____________，二是建立____________，三是让员工规划和控制工作，四是建立____________。

三、单项选择题

1. 以下不属于岗位说明书内容的是（　　）。

A. 工作职责　　B. 主管人员

C. 薪酬福利　　D. 工作经历

2. 某人力资源主管要对企业专业技术人员进行岗位分析，为企业人力资源规划提供依据，最合适的职务分析方法是（　　）。

A. 现场观察法　　B. 面谈法

C. 参与法　　D. 工作日志法

3. 王某自从晋升为公司区域销售经理后，下属增加了 10 名，负责区域由广东省扩展到华南区，她有权招募得力的助理，同时对其业绩要求提升为原来的 3 倍。晋升后王某的（　　）。

A. 职务丰富化了　　B. 职务扩大化了

C. 职务丰富化和职务扩大化了　　　　　D. 职责提升了

四、判断题

1. 徐经理今年下属员工又增加了 2 人，他除了要完成自身工作外，还要负责新员工的培训，指导其工作，可见徐经理的工作职务丰富化了。（　　）

2. 新员工在进入公司后必须在所有部门工作一段时间，半年后再回到原部门的员工管理制度是职务轮转。（　　）

五、简答题

1. 简要分析职务说明书和职务规范的联系和区别。

2. 简述职务丰富化对个人职业发展的作用。

3. 简述职务轮换的优点和缺点。

六、案例分析

某企业人力资源部部长岗位说明书

岗位名称	人力资源部部长	岗位编号	SM-RL-001
直属上级	总裁	所属部门	人力资源部
工资级别	3	直接管理人数	3
岗位目的	确保公司发展所需的人力资源，完善人力资源管理体系		

工作内容：
制订并提交本部门年度工作计划、人员计划；
负责本部门员工的考评，培训、选拔人才；
编制公司人力资源战略规划，审核年度招聘计划并监督落实；
健全公司人力资源管理制度并监督实施；
组织对公司各部门的定岗定编工作；
参加对应聘人员的面试并签署部门意见；
指导各对外投资控股企业招聘计划的实施；
建立公司内部人才的分类及梯队体系，制定员工职业生涯发展计划；
负责公司紧缺人才的考察和引进工作；
建立员工的综合评价体系，对员工的转正、定级、培养、任用和晋升提出建议；
负责公司员工、控股企业经营班子成员和外派人员的年终绩效考评方案设计并组织实施；
负责员工工资、公积金和加班费的审批，以及年终奖金的发放工作；
审定公司的薪酬和福利保障制度；
审核员工培训计划并监督落实；
完成上级交办的其他工作。

工作职责：
对公司人力资源规划的制定与实施负责；
对公司人才储备和梯队建设的成效负责；
对公司薪酬方案实施成效负责；
对公司绩效考评方案的有效性负责；
对公司年度招聘计划的落实负责。

与上级的沟通方式：接受总裁书面或口头指导。

同级沟通范围：与各部门经理及各控股企业经营班子成员的交流和沟通。

给予下级的指导：对本部门员工的业务指导，与公司其他部门员工的交流和沟通。

岗位资格要求：
教育背景：硕士及以上学历（或同等学力），人力资源管理相关专业。
经验：8 年以上工作经历，3 年以上中型企业的人力资源管理相关工作经验。

岗位技能要求：
专业知识：掌握人力资源、心理学相关知识，熟悉相关政策、法规，了解人力资源管理发展趋势。
能力与技能：性格外向，具有优秀的沟通能力、亲和力，以及善于发现人才的眼光。

问题：请结合案例，根据职务分析的内容分析该企业人力资源部部长的工作任务、工作职责、职务关系、任职资格。

第四节　员工招聘与培训

一、名词解释

1. 员工培训

2. 外部招聘

二、填空题

1. 员工外部招聘的主要方式有____________、____________、____________和通过就业服务机构招聘等。

2. 员工招聘的主要方法有____________、____________和____________。

3. 员工培训的主要内容包括____________、____________和____________。

三、单项选择题

1. 某公司人事部为新招聘的小张安排了定期培训，主要介绍公司的规章制度、发展前景、薪酬福利状况，并向其发放培训证书。小张所接受的培训属于（　　）。

A. 岗前培训　　B. 上岗培训
C. 在岗培训　　D. 脱产培训

2. 某外贸公司需紧急招聘一名财务出纳，以下招聘方法中最适合的是（　　）。

A. 通过网络招聘　　B. 在报纸上发布招聘广告
C. 内部培养　　D. 在招聘会上面试

四、判断题

1. 徐某所在工作部门有一名员工突然离职，通过与总经理协商，徐某从分公司借调一名员工填补离职员工的岗位。这种招聘方式属于内部招聘。（　　）

2. 王某作为管理培训生被某公司录用，进入公司后两个星期，公司为他安排了为期 4 周的技能培训，同时参与培训的还有其他应届毕业生。王某所接受的培训属于上岗培训。（　　）

五、简答题

1. 简述内部提升的优、缺点。

2. 为什么要进行员工培训？它有什么作用？

六、案例分析

A 公司的内部人才培训提拔法

人才并非凭空而来，选拔与培训一样重要。对此 A 公司的做法是：以严格的选择评定标准，找到所需要的人才，再以相关的培训和发展课程对其进行培养，以便更好地利用现有人力资源的潜力。换言之，A 公司在生产第一线创造了一批人才。

A 公司要求候选人能够当机立断、协助解决问题，具备创意及领导才能，能够听取他人的意见，能通过文字和语言有效沟通，了解公司的各项组织职能，并能圆满完成任务。

为了寻找到合适的人选，A 公司设置了评估中心对候选人进行评估。

每次评估有 12 位候选人参加，评估内容包括现场实况操作、个性剖析及角色扮演等。

对每个人的优、缺点做诚实的评估后，那些被认为具有领导才能的候选人就可参加“团队管理技巧发展课程”。课程分为两个阶段。第一阶段课堂教育主要传授实务培训与经验，历时 7 个星期。为保证理论与实务的融合，受训者通常是一星期上课，随后的一星期又回到工作岗位，如此交替进行。第二个阶段历时 6 个月，受训者将有机会表现他们的领导才能。而且他们必须认定一个目标，并尽力完成。培训即将结束时，由经理人员所组成的小组进行最后的评估，以决定受训者是否符合公司要求。

为培养团队合作精神，公司还要求候选人参加为期 1 周的领导才能发展课程。当他们重返工作岗位时，每个人都非常自信。

问题：

1. A 公司评估中心的作用是什么？

2. 结合员工培训的作用，试分析 A 公司培训活动的作用。

第五节　绩效考评与薪酬管理

一、名词解释

1. 绩效考评

2. 薪酬管理

二、填空题

1. 绩效考评具有________、________、________、促进成长和激励人员的作用。

2. 薪酬的基本结构包括______、______、______和学习成长机会几个方面。

3. 常见的薪酬制度有技术等级薪酬制、________、________、________、__________和________等。

三、单项选择题

1. 小王某月收入 3 500 元，其中基本工资 1 800 元，业绩提成 1 000 元，加班津贴 300 元，交通补贴 400 元。小王的薪酬属于（　　）。

A. 混合型薪酬　　B. 个性化薪酬

C. 管理类薪酬　　D. 技术型薪酬

2.（　　）不属于非经济性薪酬。

A. 工作满意度　　B. 精神奖励

C. 加班费　　D. 晋升

四、判断题

1. 绩效考评可以帮助员工发现自身不足。（　　）

2. 绩效考评中的主观判断因素会导致考评失实，所以考评结果不能作为员工评价的标准。（　　）

五、简答题

1. 简述绩效考评的一般流程。

2. 简述六种薪酬制度的特点。

六、案例分析

汉斯啤酒的 360° 绩效考评

汉斯啤酒是青岛啤酒集团的子公司，青岛啤酒兼并汉斯啤酒后，为汉斯啤酒引进了 360° 绩效考评体系。该体系注重绩效，可以全面而客观地考评员工的德、能、勤、绩。

所谓 360° 绩效考评体系，即对基层员工的考评由自评、同级考评、上级考评三个维度构成。对中层干部，还要请其下级评定（通常采用无记名填表和座谈相结合的方式）。员工自评，即被评定者本人在年终述职大会上陈述自己的能力、工作态度、工作成绩和一年工作中的优缺点、职业生涯发展的可能性、需要上级加以指导的事项和本人所经历的关键性事件等。同级考评，即本部门同事、其他相关部门人员、本企业以外的相关人员在公司述职会上，利用一系列标准化的量化表对评定者以无记名方式，按优秀、一般、不称职三类进行打分。上级考评，即公司运用比较法对考评结果作出比较，从而决定员工工作业绩的相对水平。公司将绩效考评制度化，以加大奖惩力度做保证，鼓励员工在自己的工作岗位上发挥个人的聪明才智，并实施奖励，对于考评不合格者，扣发奖金或调离工作岗位，从而调动了员工的积极性，激发了他们的主人翁精神。

公司在绩效考评中，对中层干部的考评更加严格，将其考评结果排出名次，实行末位淘汰。此法实行第一年，就有 35 个部门被砍去，63 名中层干部被精减，二级机构由原来的 45 个削减为 9 处 1 室，中层干部仅聘 26 人，实行竞争上岗。各级干部依靠德、能、勤、绩上岗，一切以年底考评成绩说话。剧烈的人事变化，使公司上上下下无不震动，特别是中层干部真正有了强烈的危机感。

问题：

1. 请谈谈你对汉斯啤酒 360° 绩效考评的理解。

2. 结合绩效考评的作用，谈谈汉斯啤酒绩效考评发挥的作用。

第七章 企业战略管理

第一节 企业战略概述

一、名词解释

1. 企业战略

2. 企业远景

二、填空题

1. 企业职能战略包括市场营销战略、________、________、________、________等，与公司层战略和业务层战略保持一致。

2. 三个层次战略构成战略的金字塔。职能战略是在________和________的指导下，对各项具体工作的谋划和制定；而企业层战略和业务层战略，通过________的实施得以实现。

三、单项选择题

1. 福特公司曾提出要使每一户家庭拥有一辆小汽车，这是福特公司的（ ）。

A. 企业远景 B. 企业目标 C. 企业计划 D. 企业战略

2. 战略的本质是（ ）。

A. 目标 B. 资源 C. 业务 D. 组织

四、判断题

1. 企业战略的长远性是指企业战略着眼于组织的未来，是为了谋求组织的长远发展和长远利益，而不是眼前的得失。（ ）

2. 如果说企业层战略和业务层战略是“将事做好”，那么职能战略则是“做正确的事”。（　）

五、简答题

1. 企业战略有哪些特征？其各自的内涵是什么？

2. 企业战略分为哪几个层次？这些层次有怎样的相互关系？

六、案例分析

碧桂园的“三驾马车”新战略

碧桂园是一家诞生于广东省佛山市顺德区的房地产企业。在 2019 年《财富》杂志世界 500 强排行榜上，碧桂园排名 177 位，比上年排名大幅提升了 176 位。

2007 年，碧桂园只是一家普通的中小型企业。2013 年，碧桂园实现合同销售额 1 060 亿元，成功跻身千亿房地产企业行列。此后，碧桂园一路高歌猛进，2018 年，碧桂园实现合同销售额 5 018.8 亿元。

多年来，碧桂园专注于房地产市场，实现合同销售额增长 30 多倍，这样的增长速度在房地产行业并不多见。

与此同时，随着我国城镇化建设的推进，房地产行业已从“黄金时代”向“白银时代”过渡，积极拓展新领域，增强自身综合实力已成为国内房地产行业的一大趋势。

2018 年 5 月，碧桂园布局农业全产业链，成立了碧桂园农业控股有限公司，致力于成为现代农业系统方案的提供者和服务商。其业务包括前端研发、“公司 + 基地 + 农户”模式的中端生产组织，以及以凤凰优选社区门店为主体的终端销售。

2018 年 7 月，碧桂园又进军机器人行业，成立了广东博智林机器人有限公司，专门研发机器人产品及其核心零部件、相关的机器人核心技术以及智能机器人系统的研发、制造、运营等。

2019 年，碧桂园提出了“为全世界创造美好生活产品的高科技综合性企业”的新定位，明确房地产、农业、机器人是未来三大重点业务。这套看似“天上地下”的“三驾马车”打法，紧紧围绕其房地产主业挖掘新市场和新动能，作为“美好生活产品创造者”，则指明了向科技创新转型升级的方向。

碧桂园之所以从单一房地产业向“三驾马车”发展，是基于对市场的深入分析。我国虽是世界上最大的建筑市场，但在老龄化趋势下，建筑业用工缺口不断加大，因此，把建造房屋的任务交给机器人，就是未来重要的发展方向。

而切入高科技现代农业，也同样体现着碧桂园多元布局、协同发展的战略思路。场景即入口，住户即流量，拥有 2 000 多个项目、数百万名业主的碧桂园，在发展现代农业之初本身就自带良好的市场基础。而且，通过研发、生产和销售，可以为更多人提供安全、好吃、实惠、丰富的农产品，进而为房地产主业增添附加值，并带动农民增收致富。

问题：

1. 碧桂园在地产行业“黄金时代”采取了什么发展战略?

2. 碧桂园在地产行业“白银时代”采取了什么新的发展战略?

第二节　总体战略类型及选择

一、名词解释

1. 稳定型战略

2. 发展型战略

二、填空题

1. 发展型战略主要包括________________、________________、________________

三种类型。

2. 收缩型战略主要包括______________、______________、______________三种类型。

3. BCG 矩阵法根据市场增长率和市场份额两项指标，将企业所有的战略业务单位分为“________”“________”“________”及“________”四大类，并据此制定企业总体战略。

三、单项选择题

1. 海尔本来以经营冰箱等制冷产品为主，后来又进入生物工程、计算机制造等领域，这属于（　　）战略。

A. 关联多元化　　B. 非关联多元化

C. 前向一体化　　D. 后向一体化

2. 钢铁公司收购矿山和炼焦厂，中药企业培育自己的中药材基地，这属于（　　）战略。

A. 关联多元化　　B. 非关联多元化

C. 前向一体化　　D. 后向一体化

3. 2003 年年底，摩托罗拉公司作出重大战略调整，宣布为了集中资源与诺基亚公司在手机市场上竞争，将剥离半导体业务，这属于（　　）战略。

A. 抽资转向　　B. 调整

C. 放弃　　D. 后向一体化

四、判断题

1. 麦肯锡矩阵法与 BCG 矩阵法的区别在于，它用行业吸引力代替了市场增长率，用企业竞争力代替了市场份额。（　　）

2. 对于麦肯锡矩阵中处于 A、B、C 象限的战略业务单位，企业可以采取集中型战略，即集中投资以促进其快速发展。（　　）

五、简答题

1. 简述稳定型战略的特征。

2. 简述稳定型战略的使用条件。

3. 结合 BCG 矩阵法，谈谈针对不同战略业务单位如何选择企业战略。

六、案例分析

蛇吞象——联想并购 IBM

2004 年 12 月 8 日，无论对于联想还是对于 IBM 而言，都是具有里程碑意义的一天。这一天，联想用 12.5 亿美元收购了 IBM 的 PC 部门。这次并购，对双方的影响无疑都是巨大的。对于联想而言，通过此次收购，联想成为位列戴尔（DELL）、惠普（HP）之后的全球第三大 PC 生产制造商。对 IBM 而言，这意味着 IBM 为完成战略转型，在由 PC 制造商到 IT 信息服务提供商的转变历程中迈出了非常坚实和决定性的一步。

问题：在案例中，联想和 IBM 公司分别采取了什么总体战略?

第三节　竞争战略制定

一、名词解释

1. 竞争战略

2. 差异化战略

二、填空题

1. 美国“竞争战略之父”迈克尔・波特在他的产业竞争结构分析框架上，提出了三种可供选择的一般竞争战略，它们分别是＿＿＿＿＿＿、＿＿＿＿＿＿和差异化战略。

2. 企业取得成本领先优势的途径包括追求规模经济、＿＿＿＿＿＿、＿＿＿＿＿＿、＿＿＿＿＿＿和高效率的运作等。

三、单项选择题

1. 成本领先战略的基石是（　　）。

A. 规模效益和经验效益　　B. 产品或服务

C. 市场占有率　　D. 利润

2. 集中化战略的优势是（　　）。

A. 组织结构简单，便于管理

B. 有利于充分利用顾客的信赖和忠诚

C. 市场风险比较大

D. 市场风险比较小

3. 经济发展水平较高的地区，由于居民收入水平高，对产品品牌、品质、服务等方面的关注超过了对价格的关注，因此企业应采取的竞争战略是（　　）。

A. 成本领先战略　　B. 差异化战略

C. 发展战略　　D. 集中化战略

4. 从行业生产周期来看，通常在投入期和成长期，为了抢占市场，抑制潜在进入者，企业应主要采取（　　）。

A. 成本领先战略 B. 差异化战略
C. 发展战略 D. 集中化战略

四、判断题

1. 在企业发展初期，由于企业规模较小，资源比较有限，能力比较薄弱，这时应选择集中化战略。 ( )

2. 到了行业的成熟期与衰退期，消费需求呈现多样化、复杂化与个性化的局面，这时企业应以集中型战略为主，集中资源攻坚。 ( )

五、简答题

1. 简述成本领先战略的实施条件。

2. 简述差异化战略的优缺点。

3. 简述竞争战略选择的制约因素。

六、案例分析

日、美钢铁业的竞争

从 20 世纪 50 年代到 20 世纪 80 年代，日本钢铁业取得了巨大的发展，钢产量由 1950 年的 500 万吨，增至 1980 年的 1.5 亿吨。长期以来，美国的钢铁企业一直以高劳动生产率闻名于世，但随着日本钢铁产业的崛起，美国钢铁业受到了极大的冲击。不过直到 20 世纪 60 年代中期，美国钢铁业仍领先于日本。当时，美国钢铁企业每万人小时平均产钢 7 吨，而日本只有 5 吨，但是此后 10 年，日本钢铁企业的劳动生产率为每万人小时平均产钢 9 吨，而美国只有 8 吨。

日本钢铁企业职工工资增长率比美国高出 2.5 倍，但是日本每吨钢成本所含工资为 45 美元，低于美国的 47 美元。美国的钢铁企业从 20 世纪 60 年代初期就受到日本方面越来越大的威胁。日本人通过自己的努力使本国钢铁企业的竞争力胜过美国，日产钢铁源源不断地出口到美国，对美国钢铁企业产生了巨大的冲击。在美国钢铁企业的压力下，美国政府不得不出面控制对日本钢铁的进口。

日本钢铁企业的竞争优势源自何处？有人进行分析后得出两点结论。一是低工资优势。日本钢铁企业在 20 世纪 50 年代到 20 世纪 70 年代初一直拥有相对于美国的低工资优势，特别是 20 世纪 50 年代，日元暴跌，日本职工工资平均为美国的四分之一。日本钢铁企业充分认识并利用这一优势，注重扩大生产规模降低成本，提高了产品在世界市场上的竞争能力。二是在全球范围选择进口廉价原材料。日本虽是资源贫乏的国家，但在 20 世纪 70 年代初的能源危机之前，原材料价格便宜，日本企业可以在全球范围选择进口优质而廉价的矿石、煤炭、石油等原材料，并建成了世界最大的海底仓库储备原材料。

问题：结合战略管理的相关理论，分析日本钢铁企业在崛起的过程中采用了什么战略。